DES EMPRUNTS ÉTRANGERS

Caveant Consules.

PARIS

AUGUSTE GHIO, ÉDITEUR

PALAIS-ROYAL, 1, 3, 5, 7 ET 11, GALERIE D'ORLÉANS

—

1883

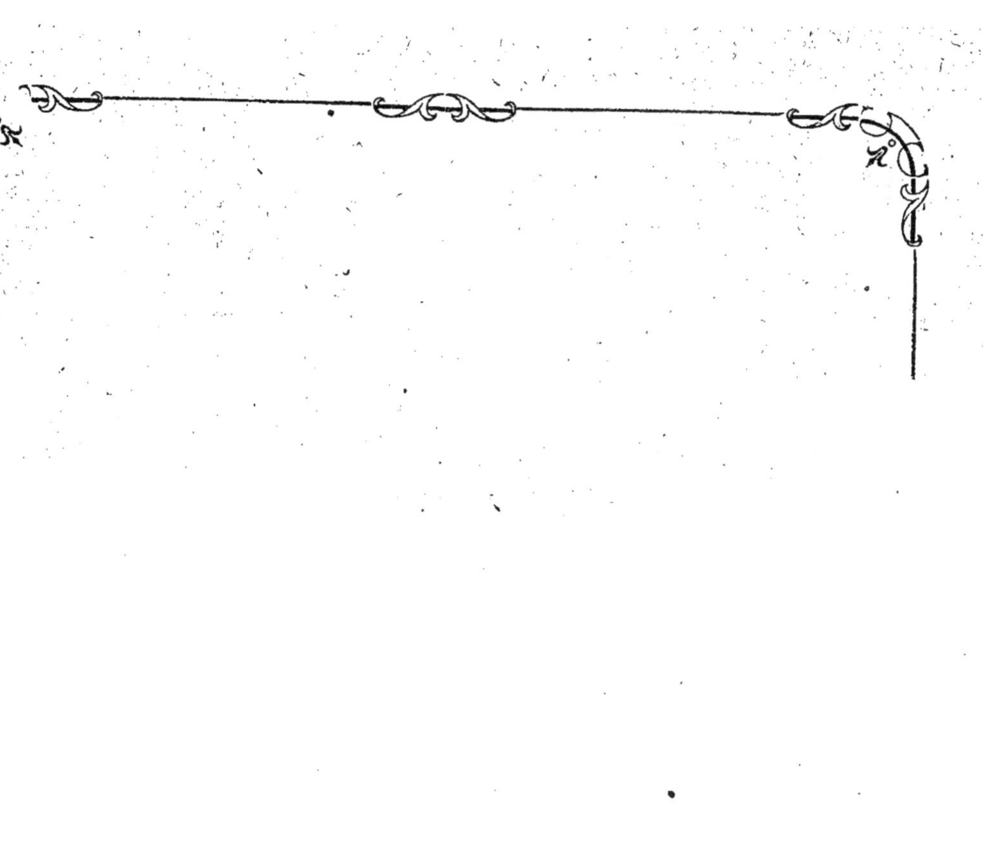

FRANCE ET FINANCE

TOUJOURS LA QUESTION

DES EMPRUNTS ÉTRANGERS

Caveant Consules.

PARIS

AUGUSTE GHIO, ÉDITEUR

PALAIS-ROYAL. 1, 3, 5, 7 ET 11, GALERIE D'ORLÉANS

—

1883

La reproduction de cette brochure est autorisée sous quelque forme
et sous quelque étiquette que ce soit.

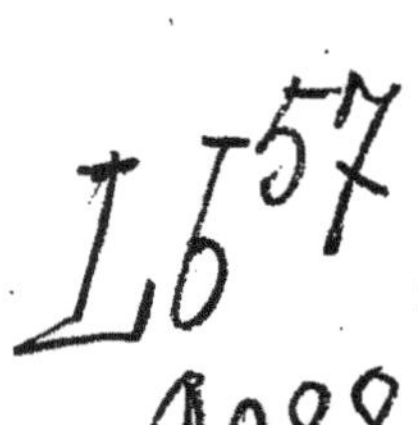

PRÉFACE

---

26 novembre 1880.

« L'Italie vient de conclure son emprunt avec la maison Rothschild.

600 millions !

M. de Rothschild perçoit là-dessus une grosse commission.

Il verse au trésor italien 200 millions comptants.

En échange de cette somme, le gouvernement italien lui livre des titres qui seront vendus à la Bourse de Paris.

M. de Rothschild rentre ainsi peu à peu dans ses avances et garde sa commission et ses bénéfices.

Les Italiens empochent nos écus et s'en servent pour faire des armements, percer le Saint-Gothard, concurrence de Marseille et du Havre, et subventionner les intrigues tunisiennes, etc. »

Ces patriotiques et prophétiques paroles se lisent à la dernière page d'une brochure intitulée : « *Le Drainage de l'or français et les Placements à l'étranger*, » éditée chez Ghio, Palais-Royal, en 1880 ; nous sommes aujourd'hui en 1883, et les ministères qui se sont succédé n'ont rien fait pour protéger l'épargne contre le drainage malsain de nos capitaux ; l'opposition, si avide à saisir les moindres défauts de la cuirasse des hommes au pouvoir, s'est tue, comme s'il ne s'agissait pas, dans cette question, de l'avenir même de la patrie ! comme si son honorabilité parlementaire et politique était irresponsable des malheurs que la trahison ou l'incurie des uns, la lâcheté des autres, peuvent faire fondre sur la France.

Ne voyez-vous donc pas, messieurs les intransigeants de toute nuance, qu'il sera trop tard pour aviser quand les hordes d'Attila, brillamment armées avec notre argent, camperont sur le plateau d'Avron?

Simple question de plus ou de moins.

L'immobilité de Bazaine le conduit au conseil de guerre, mais pour être collective, l'immobilité de nos mille ministres, sénateurs et députés, dans la question des emprunts étrangers, ne conduira pas moins ces derniers devant le tribunal de l'histoire, et peut-être qu'un jour leurs fils renieront le nom de leurs pères qui ont siégé dans nos assemblées actuelles.

En attendant, s'il est encore temps d'aviser, déchirons le voile qui couvre le silence de cet affreux mystère.

LES

EMPRUNTS ÉTRANGERS

**Les pouvoirs publics se taisent,
parce que la Finance règne, bien qu'elle ne
gouverne pas.**

Elle tient le Parlemeent par les nombreux postes d'administrateurs de sociétés de crédit qu'elle crée au fur et à mesure de ses besoins, d'avocats-députés, de médecins honoraires, des grandes affaires industrielles et commerciales dont le siège est à Paris, elle tient les députés par la presse et la presse par les bulletins financiers, etc.

Un journal a le droit d'être clérical ou radical, patriote ou Louise Michel, peu importe à ces messieurs du syndicat des banquiers, mais il lui est défendu, suivant la pittoresque expression d'un des plus éminents journalistes parisiens, d'accepter, pour tout ce qui touche aux privilèges de la Finance, *des communications du dehors.* Voilà pourquoi journalistes et journaux, à l'affût de nouvelles, font le vide et le silence sur cette grosse question; pourquoi ils glissent timidement sur les gros scandales, pourquoi ils n'osent indiquer le remède à porter à cet état de choses nervoso-maladif.

Nous ferons mieux qu'eux et nous citerons au hasard quelques faits.

A raison de l'urgence et de la gravité des questions qu'ils sou-

1

lèvent, nous les réunissons en brochure afin de leur donner une plus grande publicité et d'en faciliter la lecture et l'étude à tous les esprits sérieux qui se préoccupent justement des intérêts du pays et de son avenir.

*
* *

Nécessité de nous défendre contre les placements étrangers qui échappent à la compétence de nos tribunaux.

DRAINAGE DE L'OR

1er octobre 1880.

Il faut atteindre le nœud même de la question, c'est-à-dire la dilapidation des capitaux français à l'étranger. En effet, les difficultés monétaires ne sont qu'un effet dont la situation financière est la cause. Il importe donc, avant tout, d'empêcher l'exportation du capital français.

Pour arrêter l'irruption sur notre marché des valeurs interlopes ou des fonds d'États, qui peuvent quelque jour, *peut-être, devenir ennemis de la France (comme l'Autriche-Hongrie depuis son alliance avec l'Allemagne), il y aurait d'autres mesures à prendre.*

Nous serions en droit de faire rayer de la cote de la Bourse *toute valeur dont un dividende serait resté en souffrance.*

Et pourquoi n'aurions-nous pas une loi disposant que tout agent financier résidant en France, ou dans nos colonies, sera, à *l'avenir* et *sauf conventions contraires entre les parties,* rendu responsable de la solvabilité des valeurs *étrangères* qu'il aura placées en France?

Une pareille mesure serait sans doute très radicale et gênante pour certaines spéculations ; mais elle aurait cet immense avantage d'éliminer à l'avenir toutes les mauvaises valeurs exotiques et de faciliter les entreprises françaises et coloniales.

Quel est le banquier qui consentirait à patronner des valeurs non françaises, si peu qu'elles soient douteuses, avec un pareil *du croire* à sa charge ?

Quel est le petit bourgeois qui achèterait des valeurs étrangères à gros intérêts, mais sujettes à caution, si, en vertu de la loi et pour mettre sa responsabilité à couvert, le banquier était obligé de lui déclarer qu'il décline d'avance toute responsabilité touchant la solidité desdites valeurs.

Avec l'état de choses actuel, le petit capitaliste s'arrête avant tout à la signature qui patronne. Comment se défierait-il des emprunts or hongrois, si M. de Rothschild les couvre de sa signature ; des emprunts de l'Inde, etc., non garantis par la couronne britannique, si le Comptoir d'Escompte les recommande ?

Vous me direz peut-être que c'est affaire à l'acheteur de se défendre ; mais à cela je vous répondrai que cet acheteur est, comme moi, contribuable français et que, son épargne s'ajoutant à la mienne pour former la fortune de la France, je suis très effectivement intéressé à ce qu'il ne se ruine pas, et à ce que ses capitaux n'aillent pas enrichir des tripoteurs étrangers et parisiens de contrebande, au lieu d'alimenter les entreprises nationales.

*
* *

Le meilleur moyen de fixer l'épargne en France, c'est encore d'exécuter des travaux publics productifs, et même seulement utiles. Par utiles, j'entends ceux qui, comme le percement du ballon de Giromagny, peuvent n'être pas une bonne affaire au point de vue du dividende rémunérateur du capital employé, mais qui sont représentés par un équivalent militaire ou politique, au point de vue national.

En résumé, tout en respectant fort la liberté individuelle en matière de finances, je crois que ce serait le devoir d'un gouvernement prévoyant de mettre certaines restrictions légales à la dissipation de l'épargne nationale à l'étranger. Ce n'est pas attenter à la liberté des passants que d'installer des parapets sur les ponts, et ce qu'on appelle des *garde-fous* sur les points dangereux. De même, c'est un service d'ordre et de moralité publique de signaler les pièges tendus à l'ignorance et à la crédulité. La loi empêche la publicité des loteries étrangères qui sont de véritables duperies pour les petites épargnes ; elle pourrait au même titre surveiller certains emprunts et certaines ma-, nœuvres qui engloutissent des milliards, avec lesquels on couvrirait la France et les colonies d'un admirable réseau de travaux productifs, de routes, de canaux, d'hôpitaux, de caisses de retraites et d'écoles.

*
* *

7 octobre 1880.

Les rares journaux qui n'obéissent pas à des spéculateurs sans vergogne et sans patriotisme se préoccupent très sérieusement de la situation de notre marché et de l'engouement qui s'accentue de nouveau pour les valeurs étrangères : « Cela nous constitue pour l'avenir, dit le *Messager de Paris*, « des rentes ? » à recevoir du dehors ; mais pour le présent, il faut débourser le capital.

On n'entend parler que du *Pacific canadian railway*, chemin de fer destiné à desservir des solitudes glacées, placement dangereux qui ne présentera certes pas, pour notre industrie, les avantages qu'auraient la ligne du chemin de fer transsaharien, ligne de pénétration destinée à relier le Soudan populeux au Sénégal ou à l'Algérie française, à la France industrielle ; la mer intérieure, etc.

Tous les autres syndicats financiers ont leurs emprunts à placer : conversion espagnole, titres hongrois, florin or autrichien, russe, de toute espèce, et italien surtout. On cite des chiffres énormes.

Et nous ne voyons pas apparaître un seul syndicat pour organiser une grande entreprise commerciale ou industrielle qui soit française, qui soit nationale !

On frémit à l'idée de la panique que produiraient des menaces de guerre, ou une crise économique, dans tout ce salmigondis de valeurs qui tendent à reprendre dans nos portefeuilles la place néfaste des titres turcs, mexicains, égyptiens, grecs, etc., etc.

Quelque ferme volonté que nous ayons unanimement en France d'éviter toute guerre, il ne faut pas perdre de vue le proverbe : *si vis pacem, para bellum*. Or, pour être en mesure contre toute éventualité, il faut non seulement des hommes et des armes, mais des milliards.

Plus nous allons et plus les guerres coûtent cher. Il importe donc, pour rester fidèle à l'adage latin et à la prudence la plus élémentaire, de nous assurer la plus grande réserve de millions possible.

Que nos capitaux aillent, en placements solides et bien étudiés, féconder des affaires étrangères, mais pas dangereuses pour la chose publique française ; rien de mieux. Les rentes que ces opérations procurent à la France viennent s'ajouter à notre statistique d'échanges.

Mais que le premier agent financier venu puisse continuer, *sans risques pour lui*, à faire de la propagande pour placer des valeurs qu'il sait être mauvaises, c'est un grand péril pour le pays, c'est une escroquerie manifeste.

L'État a supprimé la loterie en France ; il interdit la propagande des loteries étrangères, et par une inexplicable anomalie, ces sollicitations frauduleuses qu'il empêche quand elles s'exercent sur les petits capitaux, il les laisserait s'opérer sur une grande échelle, ruineuse pour notre épargne !

Non ! Personne ne saurait lui contester le droit de mettre un terme à ces captations, qui engloutissent des milliards dans des affaires que l'honnête et trop confiant public français suppose bonnes, parce qu'elles sont patronnées par des noms ronflants, parce qu'il les croit soumises au contrôle des lois françaises et qu'il s'imagine, enfin, qu'elles sont étudiées comme nous étudions le doit et l'avoir éventuel d'un chemin de fer, d'un canal, et de toutes les entreprises qui se conforment aux règles de notre législation honnête.

*
* *

Le remède à cet état de choses, pernicieux pour la santé financière du pays, c'est l'étude d'une bonne loi sur les responsabilités des agents financiers qui introduisent dans notre épargne les *Valeurs étrangères*. M. de Rothschild garantit, par exemple, à un royal client qu'il trouvera sur le marché français pour 200 millions de souscripteurs ; c'est fort bien ! Mais M. de Rothschild, couvrant ainsi de son patronage un emprunteur étranger qu'il serait malaisé de faire payer (le jour où Sa Majesté François-Joseph, par exemple, fermerait sa caisse), qu'il soit convenu, sauf stipulation contraire dûment enregistrée, que M. de Rothschild garantira aux souscripteurs français le capital qu'ils auront prêté à son client.

Prenez une pareille mesure et vous verrez un peu comme MM. les banquiers se montreront moins prodigues de vos épargnes, moins prompts à accueillir les propositions d'emprunt des besogneux étrangers.

Demandons-nous l'impossible, l'injuste ? nullement.[1]

Les financiers seront tout simplement dans le cas de tous les autres commerçants, des commissionnaires, par exemple, qui sont *du croire* de leur vendeur vis-à-vis de leur acheteur *et vice versâ*.

Qu'un impérial, royal ou municipal solliciteur étranger vienne leur proposer un emprunt, ils commenceront par examiner l'état de ses finances ; ils se demanderont, comme le commissionnaire, si leur vendeur est solvable ; ils feront leurs conditions pour l'emploi des fonds.

La moralité politique de certains gouvernements y gagnera, et l'on fera, au grand profit des peuples, moins de promenades en Herzégovine ou ailleurs.

Mais surtout, — et pour nous, c'est la question essentielle, — la France placera à l'étranger ses épargnes avec une sécurité relative ; et pourra surveiller de la sorte l'emploi des capitaux que l'étranger peut être tenté de tourner un jour contre elle. Témoin l'alliance de la Prusse, de l'Autriche et de l'Italie.

Allons ! il est encore temps d'appliquer le remède, c'est une petite affaire parlementaire, une séance à la Chambre, une au Sénat ; mais une grosse question, par ses conséquences, qui s'agite là.

Ne nous laissons pas surtout troubler par les criailleries de ces spéculateurs qui n'ont d'autre patrie que leur coffre-fort et trouvent que tout est pour le mieux dans le meilleur des mondes s'ils touchent de grosses commissions à placer un emprunt véreux, lequel coûtera cher, par la suite, à de nombreux Français, qui coûtera, au pays tout entier, l'élasticité de son crédit.

Peut-être objecterait-on le danger de représailles de la part de l'étranger. Que nous importe ? Ne sommes-nous pas, en matière de finances, le pot de fer contre le pot de terre ?

La France n'a rien à redouter de mesures de réciprocité ; les bonnes valeurs qu'elle émet trouveront des garants dans tous les

pays. Quant aux affaires véreuses, nous sommes les premiers intéressés à ce qu'elles ne pénètrent pas plus à l'étranger qu'en France.

14 octobre.

Le *Moniteur de la Banque et de la Bourse*, en reproduisant un des
articles du drainage, le fait suivre des réflexions que voici :

Il y a là une indication de solution qui n'est autre chose que la
sanction morale imposée à l'intermédiaire. N'est-il pas déplorable que
l'on voie dans un pays civilisé se produire des faits comme celui des
Fonds péruviens?

Le Pérou est ruiné ; des souscripteurs, amenés à souscrire sur la
foi des prospectus de *la Société générale pour favoriser le développement
du commerce et de l'industrie en France*, sont ruinés. Tout l'argent qu'ils
ont versé est passé aux mains de MM. Dreyfus frères. La Société
générale est en syndicat avec MM. Dreyfus frères Cie et les tribu-
naux sont obligés, de par la législation, de déclarer que ni MM. Dreyfus frères, ni la Société générale ne sont responsables !

Nous doutons, toutefois, que nos députés accueillent favorable-
ment la proposition formulée par le correspondant des journaux
le Havre et le *Progrès de la Somme*. Un grand nombre de nos législateurs sont, en effet, membres des conseils d'administration des
sociétés de crédit, même des syndicats auxquels la loi proposée
infligerait cette responsabilité, et ils seraient cassés aux gages s'ils
s'avisaient de déposer un projet de loi dans ce sens.

Le zèle qu'ils témoignaient contre les emprunts étrangers, alors
que le ministère des affaires étrangères était occupé par M. le duc
Decazes, s'est bien refroidi depuis que M. Léon Say et ses amis sont
au pouvoir et que la liberté entière laissée aux agents de change
pour l'admission à la cote permet à ceux-ci de travailler également
pour tous les commissionnaires en exportation de l'épargne française.

C'est à tel point, pour n'en citer qu'un exemple, que M. Pascal
Duprat, rapporteur de la commission d'enquête sur les fonds étrangers en 1877, est maintenant administrateur d'une banque anglo-
française régie par la loi anglaise.

Nous reviendrons, d'ailleurs, sur ce sujet. Déjà nos députés commencent à craindre pour leur réélection en 1884[1]. Quelques symptômes indiquent qu'on leur saura peut-être mauvais gré d'avoir abandonné l'épargne du pays à la banqueroute des États insolvables.

Il pourrait arriver que les prochaines élections fassent justice des tripoteurs de Droite et de Gauche. La place des boursicotiers parlementaires est marquée à côté de celle des politiciens, hannetons politiques de tous calibres, qui empêchent d' « *aboutir* » les affaires les plus urgentes, en harcelant sans cesse le gouvernement, sans aucun but utile pour le pays.

*
* *

Nécessité de diriger les capitaux français vers les affaires françaises et coloniales.

Extrait de la Voie ferrée *du 28 juin* 1883.

« Nous donnons ci-après un extrait des dernières délibérations de la chambre de commerce du Havre.

« Nous n'apprendrons rien à nos lecteurs en leur disant que cette chambre est composée des personnalités commerciales et maritimes les plus intelligentes.

« La discussion a roulé sur le débouché par voie ferrée et sur les tarifs.

« Les grandes villes de commerce étrangères ont des lignes multiples qui desservent les ports dans toutes les directions, le Havre n'en a qu'une, celle de l'Ouest, et il réclame sa place au soleil de l'échange, en demandant qu'on lui donne une bonne fois sa ligne stratégique et commerciale sur le Nord et une ligne sur le Sud. Mais

---

1. On a dit qu'il faut cinquante ans à une idée juste pour faire son chemin dans le monde, ne désespérons donc pas si, aux prochaines élections, nous n'avons pas encore pu débarrasser le pavé électoral des malpropretés politiques qui le souillent.

Travaillons et travaillons sans cesse, travaillons avec « ferveur » comme dit l'Évangile, ce n'est qu'à ce prix que nous parviendrons à nous débarrasser des obstructionnistes de toute nuance.

l'Ouest est là qui met son veto par tous les grands et petits moyens en son pouvoir.

« Les hauts prix des transports tuent le commerce d'exportation. Après dix ans de travail et d'efforts, la montagne a fini par accoucher d'une souris, les chemins de fer de l'Est et de l'Ouest ont consenti à réduire leurs tarifs de 10 0/0. Si cette mesure avait été prise jadis, avant que le courant commercial du Havre se soit en partie déplacé au profit d'Anvers, de Brême ou de Gênes, le remède eût pu être efficace, aujourd'hui il est insuffisant ! On a chance de guérir un malade quand on lui sert des médicaments à temps, le remède est inefficace quand il s'adresse à un moribond ! Mais allez donc faire entendre ces vérités premières à nos chemins de fer ! Leurs administrateurs sont peut-être d'excellents techniciens, mais au point de vue économique, ce sont des ignorants de premier calibre et leur âpreté au gain leur fait perdre tout bon sens et sens pratique.

« Quoi qu'il en soit, voilà où nous en sommes arrivés.

« Prenons un de nos grands éléments d'échange au hasard.

« Le fret du coton est de :

Du Havre à	Aarau.	Bâle.	Berne.	Zurich.	Mulhouse.
fr.	55 —	47 30	60 —	57 —	48 25
De Gênes »	35 75	35 75	40 25	36 75	39 50
D'Anvers »	37 25	29 75	44 50	38 50	28 —

« Ces chiffres n'ont pas besoin de commentaires.

« Aussi qu'arrive-t-il ? les manufacturiers d'Alsace et de Suisse qui jadis importaient leurs cotons par le Havre, donnent aujourd'hui l'ordre d'expédier directement des États-Unis sur Anvers et Gênes, au lieu de faire transiter ces mêmes cotons par le Havre !

« Il n'est pas nécessaire d'avoir été à l'École polytechnique pour comprendre que, d'ici peu de temps, le marché du Havre, comme le dit fort justement M. Libert, de la chambre de commerce de cette ville, aura cessé d'exister, et que nos propres filateurs français seront obligés, soit de s'adresser directement aux États-Unis, soit de recourir au marché de Liverpool, pour leurs réassortiments, c'est-à-dire d'utiliser le cabotage anglais, les marchands de Liverpool, au lieu d'avoir leurs réassortiments à leur portée, et de faire prospérer au bénéfice de tous le commerce havrais et français.

« Que ferez-vous à ce moment-là, chers économistes, de nos nombreux ouvriers des ports de mer ?

« Comment alignerez-vous vos budgets, etc. ? et maintenant attendez de nouveau dix ans pour concéder de nouvelles réductions de tarifs.

« Notons que l'historique que nous faisons là pour le coton pourrait être fait également pour chaque article et pour chaque port.

« Je ne sache pas que les Marseillais aient plus lieu de se féliciter que les Havrais de la concurrence du port de Gênes et du percement du Saint-Gothard, mais au moins là Paris-Lyon a su, une fois par hasard, comprendre la nécessité de faire un vigoureux effort, et on a réconforté le malade pendant qu'il en était encore temps.

« L'Est et l'Ouest n'en sont pas là, et ils aiment, paraît-il, mieux laisser mourir la poule aux œufs d'or.

« Quantité de nos principaux articles sont dirigés aujourd'hui sur nos ports concurrents. Quiconque étudie ce changement dans les courants commerciaux et en recherche les causes ne tarde pas à s'apercevoir qu'ils sont dus surtout aux tarifs des chemins de fer, plus élevés au départ du Havre qu'aux départs des ports étrangers.

« La réduction des tarifs est donc un moyen qui s'impose si l'on veut sauvegarder l'avenir de notre marché.

. . . .

« Il ne faut pas oublier que les conventions en cours de négociation entre le gouvernement et les Compagnies vont engager l'avenir des chemins de fer pour une période de vingt ou trente ans. Les lignes à construire vont être concédées aux unes et aux autres ; on dit aussi que l'État abandonne aux Compagnies, ce qui serait une très grosse faute, la fixation de leurs tarifs intérieurs. Qui plus est, une solution est prochaine, car de part et d'autre, on paraît fatigué de pourparlers qui durent depuis longtemps et l'on a hâte d'en finir. Le Havre est donc sur le point de perdre tout espoir d'obtenir les améliorations qui lui sont nécessaires.

« M. Blanchard. — La lutte, si elle s'engage, aboutit la plupart du temps à une entente et, finalement, chaque Compagnie, plus soucieuse de sauvegarder ses intérêts que disposée à s'imposer des sacrifices dans l'intérêt du public, se cantonne dans son domaine.

« M. Libert. — Il est incontestable que le Havre perd de son importance, non pas comme transit, mais comme marché ; cette situation, sauf pour quelques articles, comme le café, par exemple, s'aggravera de plus en plus, si l'on s'en tient aux idées du passé. »

Rapprochez cet article de celui du début de cette brochure et vous verrez si l'auteur était mal inspiré de déconseiller les emprunts italiens destinés à outiller l'Italie contre nous avec notre argent !

*
* *

Voyons maintenant les conséquences indirectes de cet état de choses.

Extrait d'une circulaire commerciale du Havre du 7 juillet 1883.

« Afin de pouvoir faire profiter nos amis des facilités économiques qu'offrent *les chemins de fer étrangers*, et pouvoir en même temps leur offrir la garantie de trouver la même raison sociale sur les deux côtés de l'Atlantique, nous nous sommes décidés à fonder une succursale à la Nouvelle-Orléans.

« Tous ceux qui nous connaissent savent combien il nous en coûte de mettre en concurrence pour notre transit les chemins de fer français et étrangers, mais ils comprendront en même temps qu'il est permis de perdre patience à moins.

« Voilà tantôt quatorze ans que nous joignons nos modestes efforts à ceux des plus notables spécialistes et commerçants de France ; à toutes nos demandes de réduction de tarifs, les chemins de fer ont toujours répondu par un *non possumus* olympien.

« Aujourd'hui, nous nous trouvons en présence de conventions dont la conséquence sera l'anéantissement complet et prochain de notre trafic international par les puissances étrangères. Ces dernières ont su racheter leurs chemins de fer ou se sont, tout au moins, réservé la haute main dans toutes les questions qui se rattachent directement ou indirectement à la mobilisation et aux tarifs. Si les pouvoirs publics cèdent sur ces deux points, c'en est fait à courte échéance de la puissance militaire et commerciale de la France, et nous n'entendons pas être plus longtemps victimes de leurs erreurs économiques et de leurs agissements antipratiques.

« La question des emprunts étrangers et celle des chemins de fer est connexe ; on n'obtiendra pas plus satisfaction des chambres dans un cas que dans l'autre ; après nous être saignés à blanc pour commanditer les affaires véreuses du monde entier, nous sommes aujourd'hui acculés à la nécessité de passer sous les fourches caudines des Compagnies, parce qu'un gros emprunt serait impossible. Voilà pourquoi les conventions seront votées et pourquoi nous n'avons que médiocre confiance dans le résultat de la discussion qui va s'ouvrir au Parlement. Voilà la raison qui fait que, éclairés par l'examen du passé, nous tenons dans la limite du possible à sauvegarder l'avenir. Nos ports de mer ne peuvent pas vivre du seul trafic national et, sans l'appoint de l'exportation, ils péricliteront au point de nous rendre tributaires de l'étranger dans un avenir rapproché. C'est là une vérité première qui a été très bien développée dans l'article de la *Voie ferrée* que nous avons reproduit dernièrement ; — nous n'y reviendrons donc pas. »

Donc il est bien entendu que, pour faire plaisir à MM. les gros bonnets, banquiers et administrateurs de nos chemins de fer de par la volonté des actionnaires, le commerce français est obligé d'émigrer comme aux plus beaux jours de la révocation de l'édit de Nantes !

*
* *

« Le jour où les gouvernants sauront conserver l'épargne française pour les œuvres françaises, au lieu de la laisser s'égarer et se perdre dans des affaires véreuses à l'étranger, on pourra disposer de 400 millions par an pour nos grands travaux. Au bout de quinze ans les lignes construites donneraient un produit net de 775 millions. En trente ans, les ressources réalisées atteindraient 19 milliards 340 millions, veut-on abandonner ce bénéfice aux Compagnies ? »

Ces paroles ont été prononcées par M. Sourigues, député des Landes (séance du 16 juillet). Mais pourquoi ce même M. Sourigues, MM. Lefèvre, Peulevey, Raspail et Cie, qui voient si bien le danger, ne préparent-ils pas le remède sous forme de projet de loi?

Les Landes auraient tout intérêt à ce qu'on pousse nos capitaux vers les plantations de vigne, qui résistent si bien au phylloxera dans le sable! Mais non, ces messieurs préfèrent laisser l'épargne du pays s'en aller à l'étranger et au diable, plutôt que de la voir féconder des affaires françaises, et ils continuent d'administrer en pères nobles la fortune de la France.

*
* *

Voyons encore ce qu'on pourrait faire en dirigeant les capitaux français vers les affaires françaises et coloniales : Extrait du rapport de l'administrateur délégué de la Société de Sahouria (exploitation de la vigne en Algérie). Rapport aux actionnaires le 31 mars 1883 :

« Vous m'avez autorisé à émettre pour 200,000 fr. d'obligations avant d'enterrer dans nos plantations tout notre capital-actions. Afin d'avoir les fonds prêts quand il me les faudra, pour construire notre cave, il était bon de s'y prendre d'avance; car l'émission de nos obligations n'a pas marché toute seule, bien qu'on n'emprunte jamais mieux que lorsqu'on n'a pas besoin d'argent.

Au Havre, la plupart des gens ont leur argent placé dans le commerce, les autres ne connaissent pas la vigne et, habitués à voir la terre ne rendre que trois pour cent, ils ont peine à comprendre qu'on puisse lui faire rapporter davantage. En Alsace, j'ai eu à compter avec le mauvais vouloir d'un banquier israélite qui, après avoir paru bien disposé et m'avoir même dit qu'une émission de 200,000 fr. ne serait pour lui que l'affaire d'un « déjeuner », s'est retiré tout à coup, quand il a vu que je n'étais pas disposé à lui laisser prendre une grosse commission, et non seulement il s'est retiré, mais il m'a même fait une véritable guerre.

Pour qui sait sur quelle pointe d'épingle repose la confiance du public, si souvent abusé par des affaires financières véreuses, il est facile de comprendre qu'une pareille hostilité (l'hostilité d'un banquier donneur de renseignements par profession) n'était pas de nature à faciliter notre émission d'obligations.

A Paris, il n'y a pas d'argent pour les petites affaires qui ne se prêtent pas aux aléas de la spéculation, à moins d'abandonner, par titre de 500 fr., 50 fr. au banquier et 50 fr. au souscripteur. A ce prix-là, vous êtes la plus belle affaire du monde et on vous recommande alors aux amis ! ! ! Ce tarif d'émission n'est pas avantageux pour des affaires même plus importantes que la nôtre, car je pourrais citer telle société fondée pour l'exploitation d'un textile qui a laissé 50 0/0 de son capital de 1,500,000 fr. entre les mains de la banque d'émission qui a pris son emprunt à forfait.

Il est vrai d'ajouter que cette commission fantastique n'est pas restée tout entière entre les mains des lanceurs de l'affaire ; il a fallu acheter la neutralité des confrères, payer la presse bien pensante, neutraliser la presse indifférente, « traiter » en un mot avec une foule de professeurs de solfège possibles ou probables. Rien que pour lancer une affaire maritime au capital de 20 millions, sans garantie que la souscription serait couverte, nous avons vu les frais d'émission s'élever à 1,700,000 fr.

Fallait-il faire des frais pareils pour une affaire comme la nôtre, affaire modeste où les fondateurs ne se sont réservé aucun avantage, où administrateur délégué, commissaire, caissier ne touchent d'émoluments d'aucune sorte, travaillent pour rien et se contentent d'être simples actionnaires? C'eût été une duperie. Je finis donc par où j'aurais dû commencer : je m'adressai à mes relations personnelles afin de trouver le petit capital que nous cherchions. Le bilan ci-dessous vous prouvera que j'ai réussi et, pour arriver à ce résultat, je n'ai eu d'autres frais à faire que l'impression de mes prospectus et une commission d'un demi pour cent que j'ai payée à un banquier alsacien sur dix obligations.

J'ajouterai que, pour n'avoir pas acheté à grands frais l'estampille financière, nos petites valeurs ne s'en portent pas plus mal. Si nos obligations valent toujours 500 fr. prix d'émission, bien qu'elles rapportent 6 0/0, soit 30 fr. par obligation, nos actions libérées qui ont été émises à 2,000 fr. profitent déjà d'une plus-value de 1,000 fr. par action. Le dernier prix payé a été 3,000 fr. et 4,000 fr. sont demandés aujourd'hui.

Cette plus-value n'a rien de spéculatif. En effet,.nous n'avons aucune raison de changer nos devis précédents ; 100 hectares de vigne en rapport, c'est 100,000 fr. de revenu. Nous comptons donc que chacune de nos actions rendra 1,000 fr. de revenu quand la période de plein rendement sera arrivée. Les actions, qui se négocient en ce moment à 3,000 fr., sont donc assurées d'un splendide revenu si tout se passe dans les règles prévues, s'il ne survient pas de maladie ou autre cas extraordinaire susceptible de diminuer le rendement de notre vigne.·

En tout cas, il est peu probable que vignes et arbres soient atteints en même temps, et comme à côté de la vigne, nous avons nos arbres, oliviers, orangers, citronniers, etc., nous aurions encore là des éléments de rapport très appréciables.

. . . .

On m'a objecté qu'une très forte concurrence pourrait à un moment donné faire baisser le prix du vin ; mais ceux qui m'ont fait cette objection n'ont pas suffisamment tenu compte des difficultés de la production. La vigne est une culture excessivement coûteuse, que le riche seul peut attaquer. Pour y réussir, il faut avoir une exploitation suffisamment importante afin d'atténuer les frais généraux ; or, un homme qui n'a qu'un petit capital ne peut pas faire de vigne, car outre les frais de première installation, achat de matériel, etc., il lui faudra encore avoir de quoi vivre pendant trois ans, en attendant que la vigne paye, sans compter les aléas de maladie, de température, etc. D'autre part, un homme riche qui a 400,000 fr. à lui, mange ses rentes en France et ne songe pas à aller cultiver l'Algérie, qu'il ne connaît pas le plus souvent. Il n'y a donc, pour constituer rapidement de grands vignobles algériens, que la Société anonyme ou la Société en participation ; et il faut déjà une certaine dose d'énergie, de confiance et de crédit, pour prendre sa place au soleil, sans laisser trop de plumes aux mains des intermédiaires. De plus, la loi en élaboration sur les valeurs mobilières [1] en général, si elle est incontestablement un grand progrès au point de vue moral, sera une gêne pour l'éclosion

---

1. Il est bien entendu que nous ne sommes nullement opposés à ce qu'on réforme l'assiette des valeurs mobilières françaises, mais en visant les emprunts étrangers, nous allons au plus pressé.

de nouvelles sociétés françaises ; il est donc peu probable que .e capital de l'épargne se porte en grande masse vers des entreprises de vignes.

Livrée à ses propres ressources de crédit, l'Algérie, comme le disent fort bien les trappistes dans leur intéressante brochure, avant longtemps ne pourra fournir le vin nécessaire à sa propre consommation ; aussi une dépréciation exagérée des prix résultant d'une trop grande production n'est pas à craindre dans un prochain avenir.

*
* *

21 octobre 1880.

Citons encore le *Drainage de l'or* :

L'*Économiste*, dans un article très intéressant, comme tous ceux qui portent la signature de M. Paul Leroy-Beaulieu, plaide en faveur des placements étrangers.

Il a prévu la catastrophe du turc : à l'entendre, l'affaire n'a pas déjà été si mauvaise pour les créanciers.

Le fait brutal répond à cet argument : vous avez placé 100,000 fr. en fonds turcs, en 1855.

Que valent vos 100,000 fr. aujourd'hui ?

Que vous rapportent-ils ?

Vous avez perdu de 70 à 80 0/0 de votre capital. C'est comme si vous aviez jeté de 70 à 80,000 fr. en or dans la Manche et cette opération n'a rien laissé au pays !

M. Paul Leroy-Beaulieu dit que certaines affaires françaises ont plus coûté à l'épargne du pays que certains emprunts étrangers ; c'est ce que je conteste.

Vous avez créé une mauvaise voie ferrée, une ligne improductive de tramways ; votre Compagnie est tombée en déconfiture ; ses actionnaires ne touchent que 25 à 30 0/0 du capital versé. Mais votre ligne construite, achetée au rabais par une nouvelle Compagnie, reste au pays |qui en profitera , et la nouvelle Compagnie qui l'a achetée au rabais y gagnera de l'argent, sinon, ce sera un troisième acquéreur.

C'est l'histoire du Palais de Cristal de Londres. — Six ou sept Compagnies se sont successivement ruinées à l'exploiter, mais la Ville de Londres y a gagné une magnifique et intéressante promenade, et combien d'industries locales ont profité des travaux exécutés !

J'aime donc mieux, *pour le pays*, une entreprise commerciale ou industrielle, même mauvaise, qui soit nationale, qu'un placement étranger même médiocre.

*
* *

(Extrait du même Rapport.)

Mais, dira-t-on, comment se fait-il qu'il y ait tant d'argent en France et qu'il y en ait si peu pour des affaires solides et sérieuses ? La raison en est bien simple, comme le disait le *Temps :* « Au lieu de « servir à des entreprises industrielles sérieuses, l'épargne soutirée, « grâce à la spéculation, par l'appât de bénéfices énormes, va s'en- « gouffrer dans les coffres des étrangers qui payent deux ou trois fois « l'intérêt promis et ferment la caisse ensuite. » Ce métier-là est très lucratif et sans risques pour les intermédiaires, car il est clair que si l'on peut coffrer M. Bontoux, on ne peut agir de même avec les gouvernements grec, turc, mexicain, etc.

*
* *

Il reste, il est vrai, la ressource de convertir en huissiers nos braves petits soldats que nous autres Alsaciens aimons tant ; mais bien des gens trouveront probablement comme moi qu'ils ont autre chose à faire que d'encaisser des bons Jecker, de consolider des créances égyptiennes, syriennes, et autres belles pensées du « Règne » de la Finance.

Afin d'obvier à cette situation, si grave pour la France à tous égards, il est question de déposer le projet de loi suivant :

Art. 1. — *Tous vendeurs ou intermédiaires agissant isolément, ou en syndicat, qui trafiqueront à quelque titre que ce soit, d'actions ou d'obligations étrangères pour compte de Sociétés n'ayant pas leur siège social en France, d'emprunt de Villes et d'États étrangers, seront solidairement responsables des engagements stipulés, sauf déclaration contraire dûment enregistrée.*

Art. 2.— *Le coût de cet acte en non-responsabilité donnera lieu à la perception d'un droit de 5 0/0 et décimes sur capital.*

Art. 3.— *Les valeurs créées avant la promulgation de la présente loi ne tomberont pas sous le coup de ces dispositions.*

Art. 4. — *La loi des finances fera connaître chaque année les fonds étrangers auxquels, par exception, ne s'appliqueront pas les dispositions qui précèdent.*

Il est clair qu'avec ces mesures-là les emprunteurs austro-hongrois et Cie, sans cesse en quête de finances, car, comme dit la chanson, « au service de l'Autriche, le militaire n'est pas riche, » y regarderaient à deux fois avant de se brouiller avec le coffre-fort français.

*
* * *

Avec ces mesures, tout en laissant vivre la spéculation qui favorise nos intérêts nationaux, nos grandes valeurs d'État et de banque, nos entrepôts de marchandises, nous tuerions cette même spéculation quand elle serait contraire aux intérêts généraux du pays. Dût même M. Léon Say redevenir ministre des finances, avec la loi ci-dessus, les emprunts italiens, autrichiens et grecs de l'avenir resteraient à la frontière. Serait-ce un mal? Qu'on nous prenne 5 milliards quand nous sommes par terre, la force prime le droit ; mais qu'en pleine paix nous laissions dévaliser notre arsenal financier comme des fils de famille peu majeurs, c'est un comble de naïveté. Cette loi qui atteindrait jusqu'en coulisse même, les titres étrangers, par la sanction morale imposée à l'intermédiaire ou au vendeur, aurait pour résultat de tourner le capital vers les entreprises françaises et coloniales, et donnerait du pain à de nombreux ouvriers, en développant les affaires industrielles.

*
* * *

A défaut du dégrèvement des frais qui pèsent sur la propriété foncière, cette loi ramènerait l'équilibre entre le contribuable français le plus imposé et l'étranger qui profite de notre argent pour s'outiller commercialement et militairement contre nous.

Voyons, n'est-ce pas un peu,... comment dirais-je? n'est-ce pas un peu... illogique que de nous faire payer fr. 6,875 de droits de mutation quand nous achetons une propriété immobilière de fr. 100.000 et de ne nous faire payer que fr. 1.80 de droits de mutation, si nous achetons une valeur de fr. 100.000 en rente italienne, autrichienne, péruvienne, prussienne et autres de la même farine!

La force de l'habitude nous fait trouver cela tout naturel ; et, pendant que l'étranger goguenard nous retourne le gousset, nous n'en vantons pas moins toujours l'esprit clair, lucide, pratique, etc., du Français né malin!

*
* *

Je ne parle que pour mémoire de la conversion future de la rente en 3 0/0 que ces dispositions faciliteraient singulièrement.

*
* *

Alors que des millions d'argent français se convertissent en canons italiens, autrichiens ou autres, en chemins de fer Honduras, Saint-Gothard, etc., nous continuons à ne pas voir que plus ça change, plus c'est la même chose. Hier le roi régnait et ne gouvernait pas. Mais, hélas! la finance ne règne pas, mais nous *gouverne*. Témoin la stupide aventure égyptienne dans laquelle on voulait nous lancer « d'un cœur léger ». Et notre épargne de s'appauvrir, les ouvriers de se plaindre, notre industrie de souffrir, pendant que nos millions permettent à nos concurrents de nous ruiner en temps de paix, de se préparer à nous écraser en cas de guerre et à nous dévaliser à *deux ou à trois*.

*
* *

Oubliant que les souffrances sont filles de l'imprévoyance, de l'incurie, de la mauvaise volonté, tout le monde se plaint, locataires, pro-

priétaires, patrons, ouvriers, marchands, consommateurs, alors que le
quart de l'argent français perdu au dehors suffirait pour « guérir » en
se transformant en opérations françaises et en dégrèvement d'impôts,
à l'aide des plus-values que fourniraient les droits de mutations appli-
qués aux valeurs mobilières étrangères.

Malheureusement pour la France, cette loi si nette, si pratique, si
patriote même (on peut le dire) n'a aucune chance de passer à la
Chambre ; car elle trouve sur sa route des privilégiés très puissants
que ces dispositions gêneraient et qui s'opposent à cette réforme par
tous les grands et petits moyens en leur pouvoir.

C'est triste pour le pays dont l'intérêt général se trouve sacrifié ;
mais, en ce qui nous concerne, l'argent français continuant, comme
par le passé, à aller s'engouffrer dans des placements exotiques plus
ou moins véreux, ne viendra pas nous faire concurrence, en créant en
Algérie des exploitations analogues à la nôtre.

*
* *

Sale métier que celui des tripoteurs de la finance ! qu'en pensez-
vous, amis lecteurs. Bien heureux sont ceux qui peuvent leur cingler
par la figure de pareils soufflets d'honnêteté, mais tout le monde n'a
pas des amis comme l'administrateur de la Société de Sahouria, et il
importe que, pour les déshérités de la fortune, on leur facilite l'accès
de l'outil capital, non pas le droit, mais l'accès du travail, deux choses
bien différentes.

*
* *

Extrait du journal le Havre *du 7 juillet* 1883.

Colonisation de l'Algérie.

Le moment psychologique est arrivé pour la France de faire un
vigoureux effort colonisateur en Algérie

Le phylloxera a ruiné une grande partie de nos vignobles, et le
gouverneur a reçu de nombreux vignerons des demandes de conces-

sions de terre en Algérie. Mais l'État n'en a plus de disponibles, de là le crédit de 50 millions sollicité par M. Tirman.

Ce dernier veut exproprier dans le Tell un grand nombre de propriétaires arabes qui ne savent pas mettre en valeur ce qu'ils possèdent, aujourd'hui surtout que, en tout bien tout honneur, on peut encore acheter à bon compte.

Jusque-là tout va bien, et l'État aurait tort de ne pas se prêter à une opération qui ne peut manquer d'être une bonne affaire financière, s'il veut se départir de la routine administrative en usage, quant aux moyens de mettre en circulation et en valeur la richesse terrienne dont il disposerait.

La vigne ayant, à juste titre, été appelée l'arbre colonisateur de l'Algérie, il importe, si l'on veut que ce coup de collier colonisateur réussisse, qu'on étudie les mesures destinées à faciliter l'expansion de la vigne en Algérie.

La question des bras est résolue : par le nombre considérable de demandes de concessions que nos agriculteurs et viticulteurs ont adressées à M. le gouverneur, par l'immigration espagnole, qui fournit à la colonie une main-d'œuvre hors ligne et à bon compte, par la main-d'œuvre arabe qui est très bonne pour les gros travaux de défrichement.

Mais la vigne est une culture riche qui ne demande pas seulement des bras et des connaissances spéciales, il lui faut de gros capitaux. Si vous voulez que le vigneron puisse « finir » son opération, c'est-à-dire non seulement planter et réussir sa vigne, mais encore attendre la période de rendement, construire des caves, se procurer les instruments nécessaires au vinage, il faut lui faciliter l'accès du capital ; or, jusqu'à ce jour, la grande banque a fait tout son possible pour détourner notre épargne de l'Algérie.

Afin d'obvier à cette situation et de faire de la « bonne » colonisation appuyée par l'outil « capital », il est donc de toute nécessité qu'on dirige le courant des capitaux français vers nos affaires françaises et coloniales, qu'on se décide une bonne fois à gêner les placements exotiques au moyen d'une bonne loi sur les emprunts étrangers. Si l'on ne prend pas d'ensemble ces deux mesures qui se complètent l'une l'autre, on réussira, par le mirage des dons gratuits de terrain, à attirer en Algérie un certain nombre de cultivateurs français, mais on aura fait au point de vue de l'État une mauvaise affaire, et au point de vue des colons, à peu près dépourvus de ressources et de crédit, une mauvaise action.

Quand ces derniers auront mangé, en expériences, en délais administratifs, le peu d'argent qu'ils auront importé de France en Algérie, ils se trouveront à la tête d'un domaine dont ils ne pourront devenir propriétaires qu'après d'innombrables formalités, avec des dettes usuraires qu'ils auront contractées pour pousser devant eux un rocher de Sisyphe devenu trop lourd pour leurs faibles efforts.

Si nos hommes d'État contestent ce fait, nous leur servirons des exemples à l'appui de notre dire.

Conclusion : ne faites rien, ou faites bien.

Dans un prochain article supposant la question de l'expropriation et de l'accès au capital résolue, nous verrons quel parti nous tirerions des milliers d'hectares de terre achetés et conquis par l'État sur la barbarie de l'ignorance.

UN ALGÉRIEN.

*
* *

Colonisation et peuplement de l'Algérie.

(Suite. — Voir le Havre *du 7 juillet* 1883.)

Dans notre précédent article, nous supposions votés les 50 millions demandés par M. Tirman ; quel emploi M. le gouverneur va-t-il faire de cet argent?

Une partie de cette somme est consacrée à l'achat de terrains ; l'autre, la plus grande part, — de beaucoup la trop grande part, à notre avis, — est réservée pour l'aménagement de nouveaux centres.

En théorie, tout cela est fort bien; mais en pratique, c'est détestable.

L'Anglais dit : *Times is money,* et le temps est si bien de l'argent que les concessions gouvernementales, concessions gratuites cependant, deviennent tellement onéreuses que nombre d'immigrants préfèrent acheter et payer des terrains, plutôt que d'avoir pour rien ceux que l'État met à leur disposition.

Et cela s'explique, quand on sait le temps que met un immigrant à entrer en possession *provisoire* de ces terres, soi-disant cadeau de l'État.

Si une bonne loi sur les emprunts étrangers est connexe de toute bonne colonisation, il est non moins indispensable qu'on en vienne également au principe posé jadis par M. Waldeck-Rousseau, de prendre date du dépôt des questions, des demandes et réponses au sujet des concessions, par exemple. Il est inadmissible de laisser un pauvre diable manger ses petites ressources à Alger, à Oran ou à Constantine, parce qu'il plaira à un scribe de préfecture de le lanterner au sujet de la concession qu'on lui a accordée en principe, et qu'on ne lui donne en réalité que le plus tard possible (après trois ans de séjour dans l'endroit).

Qu'on donne donc carrément et vivement les terres qu'on veut donner, et qu'on ait recours aux moyens « d'aboutir » à ce résultat pratique.

Qu'on réserve alors, surtout dans les centres déjà créés, un certain nombre d'hectares au domaine, pour être vendus aux enchères publiques, à un prix qui excède celui de l'achat par l'État.

Bon nombre d'émigrants profiteront de l'occasion pour s'arrondir ou s'établir dans des centres existants.

Grâce à des exploitations déjà en rapport à côté d'eux, ils développeront avec maturité et expérience leurs nouvelles acquisitions, ce qui sera tout bénéfice pour la colonie et le Trésor.

Réservez ensuite, dans chaque province, quelques hectares à donner en prime aux colons les plus méritants, administrateurs de fermes, de chemins de fer même, en échange d'autres services, et vous aurez pris une mesure habile et pratique, vous stimuleriez de la sorte la colonisation et votre prime serait, à la culture algérienne, ce que le gros lot est aux emprunts de la Ville de Paris et du Crédit Foncier, une amorce à la colonisation.

On prime bien la marine marchande et l'on a raison ; pourquoi ne primerait-on pas aussi la colonisation, qui la soutiendra dans l'avenir ? L'État y gagnera triple et quintuple, car du même coup, nous pourrions soulager nos budgets coloniaux et faire payer sous différentes formes à nos colonies partie des frais militaires et autres que nous faisons pour développer ces mêmes colonies.

La répartition de ce travail ne sera pas difficile, si le gouvernement veut associer à l'étude de la question les conseils généraux algériens. Ces derniers, qui sont composés de propriétaires, de gens qui connaissent le pays, sont plus capables de faire un bon travail colonisateur et pratique que les préfets et sous-préfets, vrais oiseaux de passage, qu'on déplace avant qu'ils aient eu le temps de se mettre au courant des questions locales et coloniales.

A ce point de vue spécial de la tradition des affaires, qui est si nécessaire à tout bon travail, nous faisons des vœux, bien que nous ne connaissions pas personnellement M. Tirman, pour qu'on veuille bien le laisser à son poste. Plusieurs journaux algériens se sont mis à *l'éreinter*, comme on dit en langage vulgaire; mais nous renvoyons ces fabricants d'articles à tant la ligne à l'illustre La Fontaine, et nous les prierons de méditer la fable des grenouilles qui demandent un roi.

*
* *

Ne voilà-t-il pas de l'emploi pour nos capitaux, si nous avons assez de patriotisme pour réagir contre les agissements de la grande banque?

*
* *

Ce n'est pas que les avertissements aient manqué aux pouvoirs publics et à la presse.

(*Progrès de la Somme.*)

Est-il vrai, s'écrie l'*Union*, que le gouvernement italien ait commandé à Saint-Étienne 150,000 fusils livrables dans un délai de trois ou quatre mois?

Mais, naïve *Union*, si vous empêchiez l'Italie d'acheter des fusils à Saint-Étienne, elle en achèterait en Angleterre, en Amérique, ou en Allemagne même, avec l'or que nous lui avons si bénévolement prêté par l'entremise de M. de Rothschild.

C'est l'argent avec lequel elle payera ces fusils qu'il ne fallait pas lui donner ; or je ne sache pas qu'un seul des financiers, pilotes de l'*Union* en question, ait, soit dans les colonnes de ce journal, soit à la Chambre, sous forme de question ou d'interpellation parlementaire, fait la moindre objection aux emprunts que M. de Rothschild a jadis lancés sur notre marché, « *Léon Say regnante* ».

Nous étions sur la brèche à ce moment, cher confrère ; nous avons, sur tous les tons, prévenu les pouvoirs publics que notre argent s'en allait subventionner les armements italiens, percer le Saint-Gothard, concurrence de Marseille, subventionner les intrigues tunisiennes, etc. (Voir le *Progrès* du 25 novembre 1880), et vous, qu'avez-vous fait pendant ce temps ?

Pourquoi donc, noire *Union*, vos patriotiques amis de la Chambre et du Sénat se refusent-ils aujourd'hui même à poser au Parlement la question des emprunts étrangers ? Aussi longtemps que cette dernière ne sera pas résolue, nous continuerons à fournir à l'étranger les armes que ce dernier peut, à un moment donné, tourner contre nos soldats. Donc, si vous voulez être logique, cessez d'alimenter les finances de nos voisins, et, du même coup, vous leur enlèverez les *moyens* de se procurer des fusils non seulement à Saint-Étienne, mais ailleurs.

Donc, si vous voulez être Française et patriote, ô *Union*, ne perdez pas une minute et priez vos amis de prévenir le gouvernement ; mettez-le en demeure de s'expliquer sur les mesures qu'il compte prendre pour empêcher, *à l'avenir*, les Bazaine de la grande banque parisienne, de livrer à l'étranger l'arsenal financier de la France, et d'armer de la sorte et par contre-coup l'étranger contre nous avec l'argent des emprunts qu'il contractera chez nous. Sur ce terrain-là, nous nous tendrons la main et nous prouverons à l'étranger que réactionnaires ou républicains, tous nous sommes, avant tout, Français !

6 juin 1883.

M. des Rotours a proposé à la Chambre d'interdire à tous les magistrats de prendre part à l'administration des Sociétés financières. C'est ce qu'on appelle enfoncer une porte ouverte ; car je ne sache pas qu'il y ait un seul magistrat en cette situation.

Un membre de l'extrême gauche a bien saisi ce joint et riposté à

l'honorable député de Lille en l'accusant d'être lui aussi administrateur des Sociétés financières. M. des Rotours a répondu qu'il était
prêt à se démettre de ses fonctions législatives, ce qui donne à entendre, en langage parlementaire, qu'il est prêt à sacrifier les gages trop
mesquins de simple député à ceux probablement plus grassement
payés d'administrateur.

Cette franche réponse prouve en outre que l'habileté normande
n'est pas le patrimoine de M. des Rotours qui, sous ce rapport, aurait
beaucoup à apprendre de son confrère du Havre. M. Peulevey, en
effet, ne trouve pas incompatible d'être à la fois l'avocat-député de
la Compagnie générale transatlantique et l'avocat au Parlement de
l'arrondissement et de la ville du Havre. Au point de vue profession-
nel, il nous semble peu correct d'émarger ainsi à deux budgets ayant
souvent des intérêts opposés. On l'a bien vu tout récemment dans
la discussion des services postaux.

M. Peulevey compte, dit-on, de nombreux amis et partisans au
Havre. Si ces derniers ainsi que ses électeurs s'accommodent de cet
état de choses, c'est leur affaire. Nous les engageons toutefois à
méditer sérieusement les arguments présentés par M. Saint-Romme
dans la séance du 1er juin. Il ne serait pas étonnant, après cela, de les
voir partager l'opinion de la Chambre sur le cumul des mandats, et,
par suite, de les voir mettre M. Peulevey en demeure d'opter.
Gageons que le député du Havre, comme le député de Lille, aimera
mieux se démettre de ses fonctions... législatives.

*
* *

Nous ne demandons pas, bien entendu à ce qu'on chasse les
banquiers de la Chambre; ce serait, sous prétexte de puritanisme,
une niaiserie d'un nouveau genre. Il ne faut pas que les finances du
pays soient à la merci d'une cohue d'ignorants, et que, pour cette
branche de l'administration, on en soit réduit à n'avoir, comme pour
l'armée, qu'un M. Laisant ! qui connaisse un peu quelque chose aux
questions du métier et puisse discuter avec le ministre compétent,
mais, dans l'espèce, nous pensons que la Compagnie transatlantique
peut se passer des services de M. Peulevey.

A la suite de cet article, la lettre suivante a été adressée à cet honorable député par un de ses électeurs :

Havre, 9 juin 1883.

Ce que vous dites dans votre lettre à la *Cloche*, au sujet de l'amendement Raspail, des députés, sénateurs, de la loi électorale du Sénat, de la révision de la constitution, etc., est très intéressant, mais vous m'avouerez que ça ne répond guère au *Progrès*. Je crois sans peine, pour ma part, que vous n'avez pas d'actions de la Compagnie générale transatlantique, mais vous ne dites pas que vous n'êtes pas son avocat-député, avocat consultant, si vous le préférez ? La dénomination ou la qualification signifie peu de chose, la question à savoir est si, oui ou non, vous figurez au compte de... frais généraux de la Compagnie générale transatlantique, comme vous figuriez à ceux de la Ville du Havre pour les procès que vous avez plaidés pour elle comme conseiller municipal.

S'il vous convient de me répondre sur ce point, je vous livrerai, pieds et poings liés, le chatouilleur correspondant du *Progrès de la Somme*.

Je croirai de plus, et d'autant, à votre innocence ès promiscuités financières que je vous verrai déposer un projet de loi sur les emprunts étrangers.

C'est une honte, pour la Chambre entière et pour vous en particulier, vous, député du Havre, une des villes les plus patriotes et les plus intelligentes de France, d'avoir négligé jusqu'à ce jour, malgré les appels réitérés que vous ont adressé quelques hommes de cœur, cette importante question de laquelle peut dépendre l'avenir même de la patrie.

Je vous envoie avec la présente une brochure (*Drainage de l'or français*) qui vous a déjà été envoyée jadis, vous y trouverez la question étudiée tout au long. Si vous avez perdu de vue le sujet, lisez-la, et vous vous convaincrez qu'il y a de quoi y prendre des exposés de motifs capables de justifier une loi pratique et nationale.

Si vous ne réussissez pas à faire passer cette loi, tant pis pour la France, mais vous aurez du moins la satisfaction d'avoir rempli un devoir patriotique, et vous emporterez plus tard dans votre retraite l'estime des vrais républicains et des bons Français.

Je n'ai, vous le savez bien, jamais appartenu à une coterie, j'ai moins que de l'ambition pour moi-même, je ne suis qu'un modeste « indépendant » qui, dans la limite de sa petite sphère, cherche à rendre service à son pays. Par contre, je suis Français enragé.

C'est depuis que j'ai perdu ma terre natale que je sens seulement toute la portée du mot « patrie » ; comme tel, je me passionne pour toutes les grandes questions nationales, et je serai toujours l'adversaire déclaré de tout ce qui, de près ou de loin, met obstacle à la grandeur et à la puissance de mon pays.

Lettre d'un ancien commandant de volontaires de 1870.

Havre, le 1er juin 1883.

Cher compatriote,

Votre réponse au Bulletin politique du journal *le Havre* est le sentiment unanime de tous nos compatriotes.

Il ne faut pas savoir lire entre les lignes pour ne pas s'apercevoir que nos guerres lointaines font le jeu des Allemands. Ne nous ont-ils pas assez encouragés pour aller en Tunisie, pour nous mettre l'Italie à dos ; en Égypte, pour nous heurter contre un intérêt vital pour l'Angleterre ; aujourd'hui, ils nous encouragent pour aller en Chine, où l'armée régulière est commandée par des officiers allemands. N'est-ce pas un péché de lèse-patrie que d'éparpiller nos forces, quand il se prépare contre nous une coalition des puissances monarchiques de l'Europe ?

Comme vous dites fort bien : à Berlin, la date de la guerre contre la France est fixée depuis longtemps, Bismarck et ses acolytes tâchent seulement de mettre le plus d'atouts dans leur jeu, pour le moment où la grande partie devra se jouer. A-t-on besoin d'être diplomate pour comprendre cette chose ? Il me semble qu'il suffit d'aimer sa patrie pour que l'instinct vous dicte que la patrie est en danger.

Il est vrai que nos hâbleurs de la Chambre ont autre chose à faire que de s'occuper de la grandeur et de l'honneur de la France ; les affaires financières sont plus intéressantes et leur font oublier la France.

Comme dit fort bien l'amiral Gueydon : avant d'acquérir de nouvelles colonies, il faudrait d'abord savoir conserver celles que nous avons et les rendre productives. Si jamais nous devions encore être vaincus par l'Allemagne ! Adieu les colonies.

Ce qu'il nous faudrait, ce serait des hommes clairvoyants au pouvoir, en un mot des Français ; car quoique républicain de la veille, je dirai comme tous les bons Français, avant tout : Vive la France !

Un Alsacien.

De nombreuses communications analogues ont été envoyées aux ministres et aux Chambres. Qu'a fait M. Peulevey, qu'ont fait ses collègues pour la question des emprunts étrangers ? Rien ! Le plus souvent le Palais-Bourbon se distingue par des banquettes vides, les députés votent les uns pour les autres pour faire nombre à l'*Officiel*, les commissions sont désertes, le travail ne se fait pas.

*
* *

Par contre, les réclames électorales ne manquent pas.

MM. Laisant, E. Lefèvre et Clémenceau ne voudraient assurément pas faire nommer les ingénieurs, les médecins, les officiers, etc. en suffrage direct, mais ils trouvent tout naturel de chercher à extraire la paille qui est dans l'œil du Sénat pour que les électeurs perdent de vue la grosse poutre qui crève les yeux de la Chambre. On ne confierait pas à un bachelier le soin de fabriquer une serrure et l'on prétend, au nom de la démocratie, recruter le personnel gouvernemental du Sénat par le suffrage universel direct. A coup sûr ces messieurs les journalistes trouveraient commode pour les actionnaires de leurs établissements commerciaux de recruter pour le Sénat, comme cela se fait pour les élections de la Chambre, 15,000, 20,000 francs par élection en frais de réclames, annonces, don gratuit de journaux, etc., mais nous espérons que le gouvernement n'est pas encore près de livrer à ce point un budget de 3 milliards au gâchis et à l'ignorance.

La grande masse des électeurs est très capable en effet de distinguer en gros un républicain d'un monarchiste, mais comment des gens qui savent à peine lire et écrire seraient-ils compétents pour distinguer un homme de réelle valeur d'un ignorant?

L'intérêt de la République même, au nom duquel prétendent marcher ces pontifes de l'intransigeance, n'exigerait-il pas au contraire une réforme diamétralement opposée. ·

Entourés que nous sommes de monarchies militaires, dans lesquelles le souverain a droit de choisir ses Cavour, Bismark, Moltke, dans lesquelles il a droit de paix et de guerre, ne serait-il pas prudent au contraire de nommer les pouvoirs publics par le suffrage à deux ou trois degrés?

Tous les partis sont également intéressés à porter au pouvoir les capacités de leur opinion et je ne vois pas ce qu'ils auraient à perdre en nommant leurs élus à deux degrés plutôt qu'au suffrage direct, ni en quoi ce mode d'élection, pour être intelligent, en serait moins démocratique? M. Clémenceau pourrait nous dire à ce propos comment dans la démocratique Amérique, se recrute le Sénat.

Les charges militaires pèsent lourdement sur le pays et nous ne demanderions pas mieux que de voir diminuer le poids de cet impôt en réduisant la durée du service militaire. Mais est-ce possible?

A quoi bon légiférer sur la matière, puisque avec la loi de recrutement existante on peut ne garder sous les drapeaux les contingents que pendant deux et trois ans.

Est-il prudent de nous désarmer, de désorganiser nos cadres quand l'étranger augmente journellement sa puissance offensive?

L'armée française défend aussi bien l'obole du pauvre que la fortune du riche. Le coup de râteau des 5 milliards a pesé lourdement sur tout le monde, surtout sur le pauvre, et il nous semble que cette expérience devrait nous suffire et qu'il ne serait que temps d'imposer silence aux Laisant et consorts quand ils viennent nous parler de la suppression des armées permanentes. On n'improvise pas plus en matière militaire qu'en matière civile. Nous devrions être fixés sur cette vérité première : 1870 n'est pas déjà si loin de nous !

Nous n'insisterions pas sur ces questions si elles n'étaient destinées à servir de diversion aux vrais problèmes sociaux et nationaux.

La Chambre est gênée de ne pouvoir aborder le sujet financier, c'est pour cela qu'elle perd un temps précieux en discussions stériles et oiseuses, mais elle est loin d'en méconnaître la portée.

Écoutons plutôt M. E. Lefèvre quand, dans son discours du 21 août 1881, il disait aux électeurs du Havre :

« J'arrive, dit le député de Paris, à une question qui préoccupe, vivement et légitimement la commune du Havre, je veux parler des pertes que les emprunts étrangers ont fait subir à nos capitaux (mouvement général d'attention). Je n'ai pas besoin de vous dire, citoyens, que si je veux la République laborieuse, je ne la veux point tripotière, et qu'à mon avis celui qui s'abandonne à l'agiotage est bien près d'abandonner le travail. Il est évident que les richesses de la France appartiennent surtout à la France, et qu'elles sont beaucoup mieux employées à perfectionner notre outillage national qu'à aller s'engouffrer dans les affaires exotiques, qui trop souvent prennent tout et qui ne rendent rien. (Applaudissements.)

. . . .

La solution à mon avis est dans la responsabilité des intermédiaires. (Très bien.)

. . . .

Pourquoi ces sages paroles ne se sont-elles pas traduites en projet de loi, le temps n'a pas manqué à M. Lefebvre depuis le 21 août 1881 pour saisir la Chambre d'un projet de loi bien senti.

Pourquoi M. E. Lefebvre n'a-t-il rien fait? parce qu'il est rédacteur du *Rappel*, et qu'il a besoin de la finance pour son journal. Cette dernière est actionnaire ou propriétaire du bulletin financier qui est le corollaire de tout journal.

Ça se loue très cher ces bulletins financiers, pour tel petit groupe de journaux à 0 fr. 15 et 0 fr. 05 en province, ça se paye jusqu'à 30,000 francs par an !

Vous comprenez dès lors pourquoi les industriels commerçants de la presse ne se soucient pas de se brouiller avec une aussi bonne clientèle que la finance, et comment il se fait qu'on sacrifie, bien que député, l'avenir de son pays à l'avenir de son journal.

Or, depuis M. de Cassagnac jusqu'à M. Clémenceau, ces messieurs sont 44 administrateurs de journaux ou rédacteurs attitrés à la Chambre ! C'est trop de plumitifs et d'obstructionnistes, et trop peu de travailleurs !

*
* *

Voulez-vous maintenant que nous vous citions les noms d'un certain nombre de députés, ministres et sénateurs, qui sont administrateurs de sociétés de crédit et qui emboîtent le pas derrière les gros bonnets de la finance?

Oh ! ça ne manque pas et ceux qui sont indépendants sont l'exception ! (Extrait du *Havre* du 16 août.)

Citons au hasard :

MM. Tirard, ministre des finances de la République française, administrateur des Mines de l'Uruguay.

Brelay, administrateur de la Banque Européenne, création du trop fameux Philippart.

Docteur Frébault. — *The general financial bank limited.*

Allain-Targé. — Compagnie des Chemins de fer de l'État.

Germain. — Crédit Lyonnais; Société autrichienne des Chemins de fer de l'État, etc.

Lesguillier. — Chemins de fer de l'État.

Villain. — Chemin de fer de Sainte-Barbe du Viélat.

Jean-Casimir Perier. — Mines d'Anzin.

Mir. — Chemins de fer du Nord de l'Espagne.

Rouget. — Comptoir général de Crédit.

Rouvier. — Compagnie auxiliaire des Chemins de fer.

Latrade. — Chemins de fer de l'État.

Levesque. — Crédit Foncier.

Tassin. — Docks de Marseille et Société des alfas (Philippart en était aussi).

Pascal Duprat. — Société fluviale et maritime, condamnée pour abus de confiance.

M. Pascal Duprat, remercié par les électeurs parisiens, a été depuis chargé de représenter la République française au Chili !

Farcy faisait partie de cette même Société fluviale ! Un marin, pourquoi pas?

MM. Émile Labiche, *sénateur*, Léon Peulevey, *député*, Léon Renault, *député*, émaillent de leurs noms, prénoms et qualités les prospectus du Crédit Foncier maritime de France, et informent les amateurs d'obligations qu'on souscrit à Marseille, chez M. F. Giraud, directeur, et au Havre, chez Mutel-Gamblin et Cie.

M. Léon Say, l'administrateur par excellence, si cher à la grande banque, nous informe dans sa lettre au *Figaro*, le 16 juin 1883, qu'adversaire aux 16 et 24 Mai, à la Chambre, il faisait le bonheur des actionnaires de la Caisse d'Escompte des associations prétendues populaires, de compte à demi avec ses amis et adversaires de la Chambre : MM. Casimir Perier, d'Haussonville, Raoul Duval, Benoît d'Azy, Batbie, Jules Simon.

La *Nouvelle Revue* du 15 mai 1883 nous apprend que MM. Mathieu Bodet, ancien ministre des finances ; Duclerc, sénateur, ex-président du conseil ; Louis Passy, député et économiste larmoyant genre Paul Leroy-Beaulieu, administrent la *New-York*.

Le *Télégraphe* du 30 avril 1882 et la *Vérité* de la même époque nous entretiennent tout au long des malpropretés de M. Numa Baragnon, celui-là même qui parlait de faire marcher la France ! Il est vrai qu'il s'est contenté de ne pas faire marcher M. Ambrosi, capitaine aux sapeurs-pompiers qui ne trouvait pas de son goût les procédés financiers de l'*Anglo universal Bank* dont le susdit M. Baragnon était administrateur.

Citons pour finir les statuts de la Caisse générale des reports (*Messager de Paris* du 22 mars 1882), dans lesquels « par dérogation aux statuts, il est créé un poste d'administrateur pour M. Ch. Ferry, frère de l'honorable président du conseil.

Si dans la camarilla financière on aime bien le bon Dieu, il paraît d'après cela qu'on ne dédaigne pas ses saints !

*
* *

Cette nomenclature doit vous suffire, ami lecteur, il n'est pas, je pense, nécessaire d'étaler plus au large le chancre financier qui ronge les flancs de la Patrie.

Si nous ne pouvions nous en dépêtrer, ce serait presque le cas de regretter que nos pouvoirs publics ne jouissent pas de la fortune et de l'indépendance des grands seigneurs anglais. Si l'Angleterre n'est pas démocratique, son gouvernement est du moins patriote et indépendant de tous les juifs allemands qui nous saignent et nous exploitent, grâce à la rosée des bakchichs qu'ils font pleuvoir, sous différentes formes, sur ceux qui tiennent les ficelles de notre chose publique !

*
* *

Nous eussions préféré de cacher même aux yeux du public et surtout de l'étranger toutes ces turpitudes, de taire ces vérités ; mais si l'on veut guérir le mal, il est essentiel de l'indiquer, afin que chacun comprenne qu'il s'agit d'une grosse partie à jouer et que l'enjeu n'est ni plus ni moins que l'avenir du pays.

Si journalistes et députés, quand il s'agit de sauvegarder l'intégrité et la puissance nationale, font la sourde oreille, il n'y a qu'un pas à franchir pour les voir vendre le pays à l'étranger, et peut-être qu'en y mettant le prix on pourrait détourner de leur devoir, comme disait Walpole, beaucoup d'administrateurs de la chose publique.

Méfions-nous donc des victoires de Tell-el-Kébir, Cobden Club, Bismarck et Cie, et avisons.

*
* *

Le remède est tout indiqué : faire de bonnes élections et nous y préparer d'arrache-pied dès à présent, en débarrassant chaque circonscription électorale des non-valeurs, des impédimenta parlementaires.

Est-ce donc si difficile d'envoyer à la Chambre de véritables administrateurs de la chose publique ?

Resterons-nous indéfiniment dupes ou victimes des politiciens de profession ? nous cantonnant chacun dans son étiquette professionnelle de monarchiste, républicain, bleu, blanc, rouge, etc. ?

Une bonne affiche, quelques bonnes signatures au bas, il n'en faut pas plus pour faire rentrer dans l'ombre les drôles qui n'auraient jamais dû en sortir, les misérables qui trafiquent du présent et de l'avenir de la patrie.

Dieu merci, on est honnête et loyal dans notre bon pays de France et les écumeurs d'affaires qui se servent des mandats que vous leur confiez pour faire leurs petites affaires, acheter des campagnes sur le lac de Genève avec les bénéfices escomptés sur le percement du Simplon, etc.; les drôles qui se servent des votes que vous leur donnez comme d'un tremplin pour édifier leurs fortunes personnelles, laisseront à de plus dignes et à de plus honorables le soin et l'honneur d'administrer la vieille France.

Ce n'était pas la peine de chasser la monarchie et l'empire pour nous livrer pieds et poings liés à la pourriture boursicotière et anonyme d'un parlement !

Que les hommes de cœur, que les patriotes se concertent donc, que vos conseillers généraux, municipaux, chambres de commerce, chambres syndicales de patrons et d'ouvriers, prennent l'initiative de proposer des candidats, et qu'ils ne se laissent plus traîner à la remorque des comités électoraux qui se nomment tout seuls, et des journaux qui se vendent au plus offrant.

Il n'est pas nécessaire pour réussir de recourir aux coups de fusils et aux barricades, le bulletin de vote suffit.

Nous aurions de la sorte vite fini, au profit de tous les travailleurs et contribuables, de nous débarrasser de la pourriture boursicotière que l'Empire nous a léguée. Mais de grâce qu'on avise par toute la France, et pour toute la France !

*
* *

Post-scriptum. — L'affaire Laisant.

Moyen pratique de savoir si M. Laisant a raison, de le confondre s'il a tort.

Pourquoi le Parlement, pour s'éclairer avant le vote de la loi sur les incompatibilités parlementaires et éclairer en même temps les électeurs sur les moyens d'existence que nos mandataires tirent des grandes affaires financières, n'instituerait-il pas une grande commission d'enquête chargée de recueillir dans les Compagnies de chemins de fer, Sociétés anonymes financières, syndicats de chemins de fer et de finances, et de *publier*, avec les sommes perçues, les noms des sénateurs et députés qui émargent à leurs budgets, soit sous forme de jetons de présence, comme administrateurs, soit comme avocats ou médecins plus ou moins consultant et consultés, etc. ?

Il me semble que loin d'être, comme le prétend M. Jolibois, une attaque directe contre le suffrage universel, ce serait au contraire un moyen de l'éclairer sur les mérites, les démérites et sur l'indépendance de ses mandataires.

Nous ne voulons pas, comme le dit fort justement M. Jules Ferry, décapiter le Parlement; nous tenons au contraire à le moraliser et à l'améliorer, en gardant les vrais administrateurs, parmi lesquels les électeurs feront un triage, mais en expulsant sans pitié de l'enceinte législative de l'avenir les législateurs qui se servent de leur mandat pour s'en faire un tremplin de leurs petits intérêts privés.

Si nous étions législateur, nous composerions cette commission d'enquête partie de députés et de sénateurs de droite et de gauche, de magistrats et de membres de Chambres de commerce, afin d'avoir des comptables autorisés dans l'affaire.

Tous administrateurs de Sociétés anonymes convaincus de dissimuler les pièces de leur fond des reptiles seraient passibles d'un emprisonnement de cinq à dix ans.

Ce serait là un moyen de réduire pour l'avenir à néant la puissance démoralisatrice de l'argent et des bakchichs parlementaires et autres, car tout député qui y aurait recours, saurait que de la sorte son « infamie » peut être d'un moment à l'autre tirée au grand jour.

Les employés du fisc font déjà de ces investigations-là pour les besoins de leurs services; nous ne voyons donc pas pourquoi pareille opération ne pourrait pas s'ordonnancer dans l'espèce.

Il n'est en effet que temps d'en finir avec les calomniateurs, et de distinguer l'ivraie du bon grain, en n'englobant pas dans les mêmes calomnies les honnêtes gens et les drôles fieffés.

*
* *

L'*Encyclopédie financière* donne déjà le nom des députés et sénateurs qui font partie des sociétés anonymes, il n'y aurait donc plus grand'chose à faire pour que la susdite commission puisse rapidement livrer à l'opinion publique un travail complet.

Un COMITÉ DE PATRIOTES.

2860-83. — Imp. D. Bardin et Cie, à Saint-Germain.